This
# Gratitude Journal
belongs to:

------------------------------

------------------------------

Mo    Tu    We    Th    Fr    Sa    Su    Date    /   /

## Today I am thankful for ...

#1 _____

#2 _____

#3 _____

## Today I feel

## Draw something that makes you happy

## Something awesome about today that I want to remember

_____

_____

_____

Mo    Tu    We    Th    Fr    Sa    Su    Date ___ / ___ / ___

- - - - - - - - - - - - - - - - - - - - - - - - - - - - - - -

## Today I am thankful for ...

#1 _____

#2 _____

#3 _____

- - - - - - - - - - - - - - - - - - - - - - - - - - - - - - -

## Today I feel

- - - - - - - - - - - - - - - - - - - - - - - - - - - - - - -

## Draw something that makes you happy

- - - - - - - - - - - - - - - - - - - - - - - - - - - - - - -

## Something awesome about today that I want to remember

_____

_____

_____

Mo    Tu    We    Th    Fr    Sa    Su    Date    ___ / ___ / ___

## Today I am thankful for ...

#1 _____

#2 _____

#3 _____

## Today I feel

## Draw something that makes you happy

## Something awesome about today that I want to remember

_____

_____

Mo    Tu    We    Th    Fr    Sa    Su    Date    ___ / ___ / ___

## Today I am thankful for ...

#1 _____

#2 _____

#3 _____

## Today I feel

## Draw something that makes you happy

## Something awesome about today that I want to remember

_____

_____

_____

Mo    Tu    We    Th    Fr    Sa    Su    Date _____ / _____ / _____

## Today I am thankful for ...

#1 _____

#2 _____

#3 _____

## Today I feel

## Draw something that makes you happy

## Something awesome about today that I want to remember

_____

_____

_____

Mo    Tu    We    Th    Fr    Sa    Su    Date     /    /

## Today I am thankful for ...

#1 _____

#2 _____

#3 _____

## Today I feel

## Draw something that makes you happy

## Something awesome about today that I want to remember

_____

_____

_____

Mo    Tu    We    Th    Fr    Sa    Su    Date ____ / ____ / ____

## Today I am thankful for ...

#1 _____

#2 _____

#3 _____

## Today I feel

## Draw something that makes you happy

## Something awesome about today that I want to remember

_____

_____

_____

Mo    Tu    We    Th    Fr    Sa    Su    Date _____ / _____ / _____

## Today I am thankful for ...

#1 _____

#2 _____

#3 _____

## Today I feel

## Draw something that makes you happy

## Something awesome about today that I want to remember

_____

_____

_____

Mo    Tu    We    Th    Fr    Sa    Su    Date ____ / ____ / ____

## Today I am thankful for ...

#1 _____

#2 _____

#3 _____

## Today I feel

## Draw something that makes you happy

## Something awesome about today that I want to remember

_____

_____

_____

Mo     Tu     We     Th     Fr     Sa     Su     Date _____ / _____ / _____

## Today I am thankful for ...

#1 _____

#2 _____

#3 _____

## Today I feel

## Draw something that makes you happy

## Something awesome about today that I want to remember

_____

_____

_____

Mo    Tu    We    Th    Fr    Sa    Su    Date ___/___/___

- - - - - - - - - - - - - - - - - - - - - - - - - - - - - -

## Today I am thankful for ...

#1 _____

#2 _____

#3 _____

- - - - - - - - - - - - - - - - - - - - - - - - - - - - - -

## Today I feel

- - - - - - - - - - - - - - - - - - - - - - - - - - - - - -

## Draw something that makes you happy

- - - - - - - - - - - - - - - - - - - - - - - - - - - - - -

## Something awesome about today that I want to remember

_____

_____

_____

Mo    Tu    We    Th    Fr    Sa    Su    Date _____ / ___ /_____

## Today I am thankful for ...

#1 _____

#2 _____

#3 _____

## Today I feel

## Draw something that makes you happy

## Something awesome about today that I want to remember

_____

_____

_____

Mo    Tu    We    Th    Fr    Sa    Su    Date ___ / ___ / ___

---

## Today I am thankful for ...

#1 _____

#2 _____

#3 _____

---

## Today I feel

---

## Draw something that makes you happy

---

## Something awesome about today that I want to remember

_____

_____

_____

Mo    Tu    We    Th    Fr    Sa    Su    Date ____ / ____ / ____

---

## Today I am thankful for ...

#1 _____

#2 _____

#3 _____

---

## Today I feel

---

## Draw something that makes you happy

---

## Something awesome about today that I want to remember

_____

_____

_____

Mo　　Tu　　We　　Th　　Fr　　Sa　　Su　　Date ____ / ____ / ____

## Today I am thankful for ...

#1 _____

#2 _____

#3 _____

## Today I feel

## Draw something that makes you happy

## Something awesome about today that I want to remember

_____

_____

_____

Mo    Tu    We    Th    Fr    Sa    Su    Date     /     /

## Today I am thankful for ...

#1 _____

#2 _____

#3 _____

## Today I feel

## Draw something that makes you happy

## Something awesome about today that I want to remember

_____

_____

_____

Mo    Tu    We    Th    Fr    Sa    Su    Date   ___/___/___

## Today I am thankful for ...

#1 _____

#2 _____

#3 _____

## Today I feel

## Draw something that makes you happy

## Something awesome about today that I want to remember

_____

_____

_____

Mo    Tu    We    Th    Fr    Sa    Su    Date _____ / _____ / _____

- - - - - - - - - - - - - - - - - - - - - - - - - - - - - - - - - -

## Today I am thankful for ...

#1 _____

#2 _____

#3 _____

- - - - - - - - - - - - - - - - - - - - - - - - - - - - - - - - - -

## Today I feel

- - - - - - - - - - - - - - - - - - - - - - - - - - - - - - - - - -

## Draw something that makes you happy

- - - - - - - - - - - - - - - - - - - - - - - - - - - - - - - - - -

## Something awesome about today that I want to remember

_____

_____

_____

Mo    Tu    We    Th    Fr    Sa    Su    Date _____ / _____ / _____

## Today I am thankful for ...

#1 _____

#2 _____

#3 _____

## Today I feel

## Draw something that makes you happy

## Something awesome about today that I want to remember

_____

_____

Mo     Tu     We     Th     Fr     Sa     Su     Date _____ / ____ / ____

## Today I am thankful for ...

#1 _____

#2 _____

#3 _____

## Today I feel

## Draw something that makes you happy

## Something awesome about today that I want to remember

_____

_____

_____

Mo     Tu     We     Th     Fr     Sa     Su     Date _____ / _____ / _____

Today I am thankful for ...

#1 _____

#2 _____

#3 _____

Today I feel

Draw something that makes you happy

Something awesome about today that I want to remember

_____

_____

_____

Mo    Tu    We    Th    Fr    Sa    Su    Date ___ / ___ / ___

Today I am thankful for ...

#1 _____

#2 _____

#3 _____

Today I feel

Draw something that makes you happy

Something awesome about today that I want to remember

_____

_____

_____

Mo　　Tu　　We　　Th　　Fr　　Sa　　Su　　Date ___ / ___ / ___

- - - - - - - - - - - - - - - - - - - - - - - - - - - - - - - - - - - - - -

## Today I am thankful for ...

#1 _____

#2 _____

#3 _____

- - - - - - - - - - - - - - - - - - - - - - - - - - - - - - - - - - - - - -

## Today I feel

- - - - - - - - - - - - - - - - - - - - - - - - - - - - - - - - - - - - - -

## Draw something that makes you happy

- - - - - - - - - - - - - - - - - - - - - - - - - - - - - - - - - - - - - -

## Something awesome about today that I want to remember

_____

_____

_____

Mo    Tu    We    Th    Fr    Sa    Su    Date ___ / ___ / ___

---

## Today I am thankful for ...

#1 _____

#2 _____

#3 _____

---

## Today I feel

---

## Draw something that makes you happy

---

## Something awesome about today that I want to remember

_____

_____

_____

Mo    Tu    We    Th    Fr    Sa    Su    Date _____ / _____ / _____

------------------------------------------------

## Today I am thankful for ...

#1 _____

#2 _____

#3 _____

------------------------------------------------

## Today I feel

------------------------------------------------

## Draw something that makes you happy

------------------------------------------------

## Something awesome about today that I want to remember

_____

_____

_____

Mo    Tu    We    Th    Fr    Sa    Su    Date _____ / _____ / _____

## Today I am thankful for ...

#1 _____

#2 _____

#3 _____

## Today I feel

## Draw something that makes you happy

## Something awesome about today that I want to remember

_____

_____

_____

Mo    Tu    We    Th    Fr    Sa    Su    Date ____/____/____

- - - - - - - - - - - - - - - - - - - - - - - - - - - - - - - - - - - -

## Today I am thankful for ...

#1 _____

#2 _____

#3 _____

- - - - - - - - - - - - - - - - - - - - - - - - - - - - - - - - - - - -

## Today I feel

- - - - - - - - - - - - - - - - - - - - - - - - - - - - - - - - - - - -

## Draw something that makes you happy

- - - - - - - - - - - - - - - - - - - - - - - - - - - - - - - - - - - -

## Something awesome about today that I want to remember

_____

_____

_____

Mo    Tu    We    Th    Fr    Sa    Su    Date ___ / ___ / ___

---

## Today I am thankful for ...

#1 _____

#2 _____

#3 _____

---

## Today I feel

---

## Draw something that makes you happy

---

## Something awesome about today that I want to remember

_____

_____

_____

Mo    Tu    We    Th    Fr    Sa    Su    Date _____ / _____ / _____

## Today I am thankful for ...

#1 _____

#2 _____

#3 _____

## Today I feel

## Draw something that makes you happy

## Something awesome about today that I want to remember

_____

_____

_____

Mo    Tu    We    Th    Fr    Sa    Su    Date ____ / ____ / ____

- - - - - - - - - - - - - - - - - - - - - - - - - - - - - - - - - - - -

## Today I am thankful for ...

#1 _____

#2 _____

#3 _____

- - - - - - - - - - - - - - - - - - - - - - - - - - - - - - - - - - - -

## Today I feel

- - - - - - - - - - - - - - - - - - - - - - - - - - - - - - - - - - - -

## Draw something that makes you happy

- - - - - - - - - - - - - - - - - - - - - - - - - - - - - - - - - - - -

## Something awesome about today that I want to remember

_____

_____

_____

Mo    Tu    We    Th    Fr    Sa    Su    Date ____ / ____ / ____

## Today I am thankful for ...

#1 _____

#2 _____

#3 _____

## Today I feel

## Draw something that makes you happy

## Something awesome about today that I want to remember

_____

_____

_____

Mo    Tu    We    Th    Fr    Sa    Su    Date _____ / _____ / _____

## Today I am thankful for ...

#1 _____

#2 _____

#3 _____

## Today I feel

## Draw something that makes you happy

## Something awesome about today that I want to remember

_____

_____

_____

Mo    Tu    We    Th    Fr    Sa    Su    Date  ____ / ____ / ____

## Today I am thankful for ...

#1 _____

#2 _____

#3 _____

## Today I feel

## Draw something that makes you happy

## Something awesome about today that I want to remember

_____

_____

_____

Mo    Tu    We    Th    Fr    Sa    Su    Date ___ / ___ / ___

---

## Today I am thankful for ...

#1 _____

#2 _____

#3 _____

---

## Today I feel

---

## Draw something that makes you happy

---

## Something awesome about today that I want to remember

_____

_____

_____

Mo     Tu     We     Th     Fr     Sa     Su     Date ___ / ___ / ___

- - - - - - - - - - - - - - - - - - - - - - - - - - - - - - - - - - -

## Today I am thankful for ...

#1 _____

#2 _____

#3 _____

- - - - - - - - - - - - - - - - - - - - - - - - - - - - - - - - - - -

## Today I feel

- - - - - - - - - - - - - - - - - - - - - - - - - - - - - - - - - - -

## Draw something that makes you happy

- - - - - - - - - - - - - - - - - - - - - - - - - - - - - - - - - - -

## Something awesome about today that I want to remember

_____

_____

_____

Mo    Tu    We    Th    Fr    Sa    Su    Date _____ / _____ / _____

---

## Today I am thankful for ...

#1 _____

#2 _____

#3 _____

---

## Today I feel

---

## Draw something that makes you happy

---

## Something awesome about today that I want to remember

_____

_____

_____

Mo    Tu    We    Th    Fr    Sa    Su    Date _____ / _____ / _____

## Today I am thankful for ...

#1 _____

#2 _____

#3 _____

## Today I feel

## Draw something that makes you happy

## Something awesome about today that I want to remember

_____

_____

_____

Mo　　Tu　　We　　Th　　Fr　　Sa　　Su　　Date _____ / _____ / _____

## Today I am thankful for ...

#1 _____

#2 _____

#3 _____

## Today I feel

## Draw something that makes you happy

## Something awesome about today that I want to remember

_____

_____

_____

Mo    Tu    We    Th    Fr    Sa    Su    Date     /    /

## Today I am thankful for ...

#1 _____

#2 _____

#3 _____

## Today I feel

## Draw something that makes you happy

## Something awesome about today that I want to remember

_____

_____

_____

Mo    Tu    We    Th    Fr    Sa    Su    Date    ___/___/___

---

## Today I am thankful for ...

#1 _____

#2 _____

#3 _____

---

## Today I feel

---

## Draw something that makes you happy

---

## Something awesome about today that I want to remember

_____

_____

_____

Mo　　Tu　　We　　Th　　Fr　　Sa　　Su　　Date ___ / ___ / ___

## Today I am thankful for ...

#1 _____

#2 _____

#3 _____

## Today I feel

## Draw something that makes you happy

## Something awesome about today that I want to remember

_____

_____

_____

Mo    Tu    We    Th    Fr    Sa    Su    Date _____ / _____ / _____

## Today I am thankful for ...

#1 _____

#2 _____

#3 _____

## Today I feel

## Draw something that makes you happy

## Something awesome about today that I want to remember

_____

_____

_____

Mo    Tu    We    Th    Fr    Sa    Su    Date _____ / _____ / _____

## Today I am thankful for ...

#1 _____

#2 _____

#3 _____

## Today I feel

## Draw something that makes you happy

## Something awesome about today that I want to remember

_____

_____

Mo    Tu    We    Th    Fr    Sa    Su    Date ___ / ___ / ___

## Today I am thankful for ...

#1 _____

#2 _____

#3 _____

## Today I feel

## Draw something that makes you happy

## Something awesome about today that I want to remember

_____

_____

_____

Mo       Tu       We       Th       Fr       Sa       Su       Date _____ / _____ / _____

- - - - - - - - - - - - - - - - - - - - - - - - - - - - - - - - - - - - - - - - -

## Today I am thankful for ...

#1 _____

#2 _____

#3 _____

- - - - - - - - - - - - - - - - - - - - - - - - - - - - - - - - - - - - - - - - -

## Today I feel

- - - - - - - - - - - - - - - - - - - - - - - - - - - - - - - - - - - - - - - - -

## Draw something that makes you happy

- - - - - - - - - - - - - - - - - - - - - - - - - - - - - - - - - - - - - - - - -

## Something awesome about today that I want to remember

_____

_____

_____

Mo    Tu    We    Th    Fr    Sa    Su    Date _____ / ___ / _____

## Today I am thankful for ...

#1 _____

#2 _____

#3 _____

## Today I feel

## Draw something that makes you happy

## Something awesome about today that I want to remember

_____

_____

_____

Mo          Tu          We          Th          Fr          Sa          Su          Date        /        /

- - - - - - - - - - - - - - - - - - - - - - - - - - - - - - - - - - - - - - - - - -

## Today I am thankful for ...

#1 _____

#2 _____

#3 _____

- - - - - - - - - - - - - - - - - - - - - - - - - - - - - - - - - - - - - - - - - -

## Today I feel

- - - - - - - - - - - - - - - - - - - - - - - - - - - - - - - - - - - - - - - - - -

## Draw something that makes you happy

- - - - - - - - - - - - - - - - - - - - - - - - - - - - - - - - - - - - - - - - - -

## Something awesome about today that I want to remember

_____

_____

_____

Mo    Tu    We    Th    Fr    Sa    Su    Date ____ / ____ / ____

---

## Today I am thankful for ...

#1 _____

#2 _____

#3 _____

---

## Today I feel

---

## Draw something that makes you happy

---

## Something awesome about today that I want to remember

_____

_____

_____

Mo    Tu    We    Th    Fr    Sa    Su    Date ___ / ___ / ___

---

## Today I am thankful for ...

#1 _____

#2 _____

#3 _____

---

## Today I feel

---

## Draw something that makes you happy

---

## Something awesome about today that I want to remember

_____

_____

_____

Mo    Tu    We    Th    Fr    Sa    Su    Date ___ / ___ / ___

- - - - - - - - - - - - - - - - - - - - - - - - - - - - - - - - - - - -

## Today I am thankful for ...

#1 _____

#2 _____

#3 _____

- - - - - - - - - - - - - - - - - - - - - - - - - - - - - - - - - - - -

## Today I feel

- - - - - - - - - - - - - - - - - - - - - - - - - - - - - - - - - - - -

## Draw something that makes you happy

- - - - - - - - - - - - - - - - - - - - - - - - - - - - - - - - - - - -

## Something awesome about today that I want to remember

_____

_____

_____

Mo    Tu    We    Th    Fr    Sa    Su    Date ___ / ___ / ___

## Today I am thankful for ...

#1 _____

#2 _____

#3 _____

## Today I feel

## Draw something that makes you happy

## Something awesome about today that I want to remember

_____

_____

_____

Mo    Tu    We    Th    Fr    Sa    Su    Date ____ / ____ / ____

---

## Today I am thankful for ...

#1 _____

#2 _____

#3 _____

---

## Today I feel

---

## Draw something that makes you happy

---

## Something awesome about today that I want to remember

_____

_____

_____

Mo    Tu    We    Th    Fr    Sa    Su    Date ____ / ____ / ____

## Today I am thankful for ...

#1 _____

#2 _____

#3 _____

## Today I feel

## Draw something that makes you happy

## Something awesome about today that I want to remember

_____

_____

_____

Mo   Tu   We   Th   Fr   Sa   Su   Date \_\_\_\_ / \_\_\_\_ / \_\_\_\_

## Today I am thankful for ...

#1 _____

#2 _____

#3 _____

## Today I feel

## Draw something that makes you happy

## Something awesome about today that I want to remember

Mo　　Tu　　We　　Th　　Fr　　Sa　　Su　　Date ___ / ___ / ___

## Today I am thankful for ...

#1 _____

#2 _____

#3 _____

## Today I feel

## Draw something that makes you happy

## Something awesome about today that I want to remember

_____

_____

_____

Mo    Tu    We    Th    Fr    Sa    Su    Date _____ / _____ / _____

---

## Today I am thankful for ...

#1 _____

#2 _____

#3 _____

---

## Today I feel

---

## Draw something that makes you happy

---

## Something awesome about today that I want to remember

_____

_____

_____

Mo     Tu     We     Th     Fr     Sa     Su     Date ____ / ____ / ____

---

## Today I am thankful for ...

#1 _____

#2 _____

#3 _____

---

## Today I feel

---

## Draw something that makes you happy

---

## Something awesome about today that I want to remember

_____

_____

_____

Mo    Tu    We    Th    Fr    Sa    Su    Date _____ / ____ / ____

## Today I am thankful for ...

#1 _____

#2 _____

#3 _____

## Today I feel

## Draw something that makes you happy

## Something awesome about today that I want to remember

_____

_____

_____

Mo      Tu      We      Th      Fr      Sa      Su      Date _____ / _____ / _____

----------------------------------------------

## Today I am thankful for ...

#1 _____

#2 _____

#3 _____

----------------------------------------------

## Today I feel

----------------------------------------------

## Draw something that makes you happy

----------------------------------------------

## Something awesome about today that I want to remember

_____

_____

Mo     Tu     We     Th     Fr     Sa     Su     Date     ___/___/___

- - - - - - - - - - - - - - - - - - - - - - - - - - - - - - - - - - -

## Today I am thankful for ...

#1 _____

#2 _____

#3 _____

- - - - - - - - - - - - - - - - - - - - - - - - - - - - - - - - - - -

## Today I feel

- - - - - - - - - - - - - - - - - - - - - - - - - - - - - - - - - - -

## Draw something that makes you happy

- - - - - - - - - - - - - - - - - - - - - - - - - - - - - - - - - - -

## Something awesome about today that I want to remember

_____

_____

_____

Mo    Tu    We    Th    Fr    Sa    Su    Date _____ / _____ / _____

## Today I am thankful for ...

#1 _____

#2 _____

#3 _____

## Today I feel

## Draw something that makes you happy

## Something awesome about today that I want to remember

_____

_____

_____

Mo   Tu   We   Th   Fr   Sa   Su   Date _____ / ___ / _____

## Today I am thankful for ...

#1 _____

#2 _____

#3 _____

## Today I feel

## Draw something that makes you happy

## Something awesome about today that I want to remember

_____

_____

_____

Mo    Tu    We    Th    Fr    Sa    Su    Date ___ / ___ / ___

## Today I am thankful for ...

#1 _____

#2 _____

#3 _____

## Today I feel

## Draw something that makes you happy

## Something awesome about today that I want to remember

_____

_____

_____

Mo     Tu     We     Th     Fr     Sa     Su     Date     ___ / ___ / ___

- - - - - - - - - - - - - - - - - - - - - - - - - - - - - - - - - - - - -

## Today I am thankful for ...

#1 _____

#2 _____

#3 _____

- - - - - - - - - - - - - - - - - - - - - - - - - - - - - - - - - - - - -

## Today I feel

- - - - - - - - - - - - - - - - - - - - - - - - - - - - - - - - - - - - -

## Draw something that makes you happy

- - - - - - - - - - - - - - - - - - - - - - - - - - - - - - - - - - - - -

## Something awesome about today that I want to remember

_____

_____

_____

Mo    Tu    We    Th    Fr    Sa    Su    Date     /    /

## Today I am thankful for ...

#1 _____

#2 _____

#3 _____

## Today I feel

## Draw something that makes you happy

## Something awesome about today that I want to remember

_____

_____

_____

Mo    Tu    We    Th    Fr    Sa    Su    Date ___ / ___ / ___

- - - - - - - - - - - - - - - - - - - - - - - - - - - - - - - - - - - - - - -

## Today I am thankful for ...

#1 _____

#2 _____

#3 _____

- - - - - - - - - - - - - - - - - - - - - - - - - - - - - - - - - - - - - - -

## Today I feel

- - - - - - - - - - - - - - - - - - - - - - - - - - - - - - - - - - - - - - -

## Draw something that makes you happy

- - - - - - - - - - - - - - - - - - - - - - - - - - - - - - - - - - - - - - -

## Something awesome about today that I want to remember

_____

_____

_____

Mo    Tu    We    Th    Fr    Sa    Su    Date ___/___/___

---

## Today I am thankful for ...

#1 _____

#2 _____

#3 _____

---

## Today I feel

---

## Draw something that makes you happy

---

## Something awesome about today that I want to remember

_____

_____

_____

Mo      Tu      We      Th      Fr      Sa      Su      Date ____ / ____ / ____

---

## Today I am thankful for ...

#1 _____

#2 _____

#3 _____

---

## Today I feel

---

## Draw something that makes you happy

---

## Something awesome about today that I want to remember

_____

_____

_____

Mo    Tu    We    Th    Fr    Sa    Su    Date _____ / _____ / _____

## Today I am thankful for ...

#1 _____

#2 _____

#3 _____

## Today I feel

## Draw something that makes you happy

## Something awesome about today that I want to remember

_____

_____

_____

Mo        Tu        We        Th        Fr        Sa        Su        Date _____ / _____ / _____

## Today I am thankful for ...

#1 _____

#2 _____

#3 _____

## Today I feel

## Draw something that makes you happy

## Something awesome about today that I want to remember

_____

_____

_____

Mo    Tu    We    Th    Fr    Sa    Su    Date _____ / _____ / _____

## Today I am thankful for ...

#1 _____

#2 _____

#3 _____

## Today I feel

## Draw something that makes you happy

## Something awesome about today that I want to remember

_____

_____

_____

Mo    Tu    We    Th    Fr    Sa    Su    Date _____ / _____ / _____

------------------------------------------------

## Today I am thankful for ...

#1 _____

#2 _____

#3 _____

------------------------------------------------

## Today I feel

------------------------------------------------

## Draw something that makes you happy

------------------------------------------------

## Something awesome about today that I want to remember

_____

_____

_____

Mo    Tu    We    Th    Fr    Sa    Su    Date _____ / _____ / _____

## Today I am thankful for ...

#1 _____

#2 _____

#3 _____

## Today I feel

## Draw something that makes you happy

## Something awesome about today that I want to remember

_____

_____

_____

Mo    Tu    We    Th    Fr    Sa    Su    Date _____ / _____ / _____

## Today I am thankful for ...

#1 _____

#2 _____

#3 _____

## Today I feel

## Draw something that makes you happy

## Something awesome about today that I want to remember

_____

_____

_____

Mo    Tu    We    Th    Fr    Sa    Su    Date _____ / _____ / _____

## Today I am thankful for ...

#1 _____

#2 _____

#3 _____

## Today I feel

## Draw something that makes you happy

## Something awesome about today that I want to remember

_____

_____

_____

Mo    Tu    We    Th    Fr    Sa    Su    Date ___ / ___ / ___

------------------------------------------------------------

## Today I am thankful for ...

#1 _____

#2 _____

#3 _____

------------------------------------------------------------

## Today I feel

------------------------------------------------------------

## Draw something that makes you happy

------------------------------------------------------------

## Something awesome about today that I want to remember

_____

_____

_____

Mo    Tu    We    Th    Fr    Sa    Su    Date _____ / _____ / _____

## Today I am thankful for ...

#1 _____

#2 _____

#3 _____

## Today I feel

## Draw something that makes you happy

## Something awesome about today that I want to remember

_____

_____

_____

Mo    Tu    We    Th    Fr    Sa    Su    Date ____ / ____ / ____

## Today I am thankful for ...

#1 _____

#2 _____

#3 _____

## Today I feel

## Draw something that makes you happy

## Something awesome about today that I want to remember

_____

_____

_____

Mo　　Tu　　We　　Th　　Fr　　Sa　　Su　　Date ____ / ____ / ____

## Today I am thankful for ...

#1 _____

#2 _____

#3 _____

## Today I feel

## Draw something that makes you happy

## Something awesome about today that I want to remember

_____

_____

_____

Mo    Tu    We    Th    Fr    Sa    Su    Date _____ / _____ / _____

## Today I am thankful for ...

#1 _____

#2 _____

#3 _____

## Today I feel

## Draw something that makes you happy

## Something awesome about today that I want to remember

_____

_____

_____

Mo    Tu    We    Th    Fr    Sa    Su    Date _____ / _____ / _____

## Today I am thankful for ...

#1 _____

#2 _____

#3 _____

## Today I feel

## Draw something that makes you happy

## Something awesome about today that I want to remember

_____

_____

_____

Mo    Tu    We    Th    Fr    Sa    Su    Date _____ / _____ / _____

--------------------------------------------------------

## Today I am thankful for ...

#1 _____

#2 _____

#3 _____

--------------------------------------------------------

## Today I feel

--------------------------------------------------------

## Draw something that makes you happy

--------------------------------------------------------

## Something awesome about today that I want to remember

_____

_____

_____

Mo    Tu    We    Th    Fr    Sa    Su    Date ___ / ___ / ___

- - - - - - - - - - - - - - - - - - - - - - - - - - - - - - - - - - - - - - - -

## Today I am thankful for ...

#1 _____

#2 _____

#3 _____

- - - - - - - - - - - - - - - - - - - - - - - - - - - - - - - - - - - - - - - -

## Today I feel

- - - - - - - - - - - - - - - - - - - - - - - - - - - - - - - - - - - - - - - -

## Draw something that makes you happy

- - - - - - - - - - - - - - - - - - - - - - - - - - - - - - - - - - - - - - - -

## Something awesome about today that I want to remember

_____

_____

_____

Mo    Tu    We    Th    Fr    Sa    Su    Date    ____ / ____ / ____

## Today I am thankful for ...

#1 _____

#2 _____

#3 _____

## Today I feel

## Draw something that makes you happy

## Something awesome about today that I want to remember

_____

_____

_____

Mo    Tu    We    Th    Fr    Sa    Su    Date _____ / _____ / _____

## Today I am thankful for ...

#1 _____

#2 _____

#3 _____

## Today I feel

## Draw something that makes you happy

## Something awesome about today that I want to remember

_____

_____

_____

Mo    Tu    We    Th    Fr    Sa    Su    Date ___ / ___ / ___

## Today I am thankful for ...

#1 _____

#2 _____

#3 _____

## Today I feel

## Draw something that makes you happy

## Something awesome about today that I want to remember

_____

_____

_____

Mo     Tu     We     Th     Fr     Sa     Su     Date ___ / ___ / ___

## Today I am thankful for ...

#1 _____

#2 _____

#3 _____

## Today I feel

## Draw something that makes you happy

## Something awesome about today that I want to remember

_____

_____

_____

Mo    Tu    We    Th    Fr    Sa    Su    Date _____ / _____ / _____

- - - - - - - - - - - - - - - - - - - - - - - - - - - - - - - - - - - -

## Today I am thankful for ...

#1 _____

#2 _____

#3 _____

- - - - - - - - - - - - - - - - - - - - - - - - - - - - - - - - - - - -

## Today I feel

- - - - - - - - - - - - - - - - - - - - - - - - - - - - - - - - - - - -

## Draw something that makes you happy

- - - - - - - - - - - - - - - - - - - - - - - - - - - - - - - - - - - -

## Something awesome about today that I want to remember

_____

_____

_____

Mo    Tu    We    Th    Fr    Sa    Su    Date _____ / _____ / _____

## Today I am thankful for ...

#1 _____

#2 _____

#3 _____

## Today I feel

## Draw something that makes you happy

## Something awesome about today that I want to remember

_____

_____

_____

Mo    Tu    We    Th    Fr    Sa    Su    Date ____ / ____ / ____

---

## Today I am thankful for ...

#1 _____

#2 _____

#3 _____

---

## Today I feel

---

## Draw something that makes you happy

---

## Something awesome about today that I want to remember

_____

_____

_____

Mo     Tu     We     Th     Fr     Sa     Su     Date ___ / ___ / ___

## Today I am thankful for ...

#1 _____

#2 _____

#3 _____

## Today I feel

## Draw something that makes you happy

## Something awesome about today that I want to remember

_____

_____

_____

Mo      Tu      We      Th      Fr      Sa      Su      Date ___ / ___ / ___

Today I am thankful for ...

#1 _____

#2 _____

#3 _____

Today I feel

Draw something that makes you happy

Something awesome about today that I want to remember

_____

_____

_____

Mo    Tu    We    Th    Fr    Sa    Su    Date _____ / _____ / _____

## Today I am thankful for ...

#1 _____

#2 _____

#3 _____

## Today I feel

## Draw something that makes you happy

## Something awesome about today that I want to remember

_____

_____

_____

Mo   Tu   We   Th   Fr   Sa   Su   Date _____ / _____ / _____

## Today I am thankful for ...

#1 _____

#2 _____

#3 _____

## Today I feel

## Draw something that makes you happy

## Something awesome about today that I want to remember

_____

_____

_____

Mo    Tu    We    Th    Fr    Sa    Su    Date ___ / ___ / ___

## Today I am thankful for ...

#1 _____

#2 _____

#3 _____

## Today I feel

## Draw something that makes you happy

## Something awesome about today that I want to remember

_____

_____

_____

Mo     Tu     We     Th     Fr     Sa     Su     Date ____ / ____ / ____

---

## Today I am thankful for ...

#1 _____

#2 _____

#3 _____

---

## Today I feel

---

## Draw something that makes you happy

---

## Something awesome about today that I want to remember

_____

_____

_____

Mo    Tu    We    Th    Fr    Sa    Su    Date ___ / ___ / ___

Today I am thankful for ...

#1 _____

#2 _____

#3 _____

Today I feel

Draw something that makes you happy

Something awesome about today that I want to remember

_____

_____

_____

Mo    Tu    We    Th    Fr    Sa    Su    Date ___/___/___

- - - - - - - - - - - - - - - - - - - - - - - - - - - - - - - - - -

## Today I am thankful for ...

#1 _____

#2 _____

#3 _____

- - - - - - - - - - - - - - - - - - - - - - - - - - - - - - - - - -

## Today I feel

- - - - - - - - - - - - - - - - - - - - - - - - - - - - - - - - - -

## Draw something that makes you happy

- - - - - - - - - - - - - - - - - - - - - - - - - - - - - - - - - -

## Something awesome about today that I want to remember

_____

_____

_____

Mo    Tu    We    Th    Fr    Sa    Su    Date ___ / ___ / ___

- - - - - - - - - - - - - - - - - - - - - - - - - - - - - - - -

## Today I am thankful for ...

#1 _____

#2 _____

#3 _____

- - - - - - - - - - - - - - - - - - - - - - - - - - - - - - - -

## Today I feel

- - - - - - - - - - - - - - - - - - - - - - - - - - - - - - - -

## Draw something that makes you happy

- - - - - - - - - - - - - - - - - - - - - - - - - - - - - - - -

## Something awesome about today that I want to remember

_____

_____

_____

Mo    Tu    We    Th    Fr    Sa    Su    Date _____ / _____ / _____

## Today I am thankful for ...

#1 _____

#2 _____

#3 _____

## Today I feel

## Draw something that makes you happy

## Something awesome about today that I want to remember

_____

_____

_____

Mo    Tu    We    Th    Fr    Sa    Su    Date _____ / _____ / _____

## Today I am thankful for ...

#1 _____

#2 _____

#3 _____

## Today I feel

## Draw something that makes you happy

## Something awesome about today that I want to remember

_____

_____

_____

Mo    Tu    We    Th    Fr    Sa    Su    Date _____ / _____ / _____

- - - - - - - - - - - - - - - - - - - - - - - - - - - - - - - - - - - -

## Today I am thankful for ...

#1 _____

#2 _____

#3 _____

- - - - - - - - - - - - - - - - - - - - - - - - - - - - - - - - - - - -

## Today I feel

- - - - - - - - - - - - - - - - - - - - - - - - - - - - - - - - - - - -

## Draw something that makes you happy

- - - - - - - - - - - - - - - - - - - - - - - - - - - - - - - - - - - -

## Something awesome about today that I want to remember

_____

_____

_____

Mo    Tu    We    Th    Fr    Sa    Su    Date _____ / ___ / _____

## Today I am thankful for ...

#1 _____

#2 _____

#3 _____

## Today I feel

## Draw something that makes you happy

## Something awesome about today that I want to remember

_____

_____

_____

Mo     Tu     We     Th     Fr     Sa     Su     Date ___/___/___

- - - - - - - - - - - - - - - - - - - - - - - - - - - - - - - - - -

## Today I am thankful for ...

#1 _____

#2 _____

#3 _____

- - - - - - - - - - - - - - - - - - - - - - - - - - - - - - - - - -

## Today I feel

- - - - - - - - - - - - - - - - - - - - - - - - - - - - - - - - - -

## Draw something that makes you happy

- - - - - - - - - - - - - - - - - - - - - - - - - - - - - - - - - -

## Something awesome about today that I want to remember

_____

_____

_____

Mo    Tu    We    Th    Fr    Sa    Su    Date _____ / _____ / _____

## Today I am thankful for ...

#1 _____

#2 _____

#3 _____

## Today I feel

## Draw something that makes you happy

## Something awesome about today that I want to remember

_____

_____

_____

Mo    Tu    We    Th    Fr    Sa    Su    Date ___ / ___ / ___

Today I am thankful for ...

#1 _____

#2 _____

#3 _____

Today I feel

Draw something that makes you happy

Something awesome about today that I want to remember

_____

_____

_____

Mo    Tu    We    Th    Fr    Sa    Su    Date ___ / ___ / ___

## Today I am thankful for ...

#1 _____

#2 _____

#3 _____

## Today I feel

## Draw something that makes you happy

## Something awesome about today that I want to remember

_____

_____

_____

Mo    Tu    We    Th    Fr    Sa    Su    Date _____ / _____ / _____

---

## Today I am thankful for ...

#1 _____

#2 _____

#3 _____

---

## Today I feel

---

## Draw something that makes you happy

---

## Something awesome about today that I want to remember

_____

_____

_____

Mo    Tu    We    Th    Fr    Sa    Su    Date _____ / _____ / _____

- - - - - - - - - - - - - - - - - - - - - - - - - - - - - - - - - -

## Today I am thankful for ...

#1 _____

#2 _____

#3 _____

- - - - - - - - - - - - - - - - - - - - - - - - - - - - - - - - - -

## Today I feel

- - - - - - - - - - - - - - - - - - - - - - - - - - - - - - - - - -

## Draw something that makes you happy

- - - - - - - - - - - - - - - - - - - - - - - - - - - - - - - - - -

## Something awesome about today that I want to remember

_____

_____

_____

Mo    Tu    We    Th    Fr    Sa    Su    Date _____ / ___ / _____

Today I am thankful for ...

#1 _____

#2 _____

#3 _____

Today I feel

Draw something that makes you happy

Something awesome about today that I want to remember

_____

_____

_____

Mo       Tu       We       Th       Fr       Sa       Su       Date _____ / _____ / _____

- - - - - - - - - - - - - - - - - - - - - - - - - - - - - - - - - - - - - - - -

## Today I am thankful for ...

#1 _____

#2 _____

#3 _____

- - - - - - - - - - - - - - - - - - - - - - - - - - - - - - - - - - - - - - - -

## Today I feel

- - - - - - - - - - - - - - - - - - - - - - - - - - - - - - - - - - - - - - - -

## Draw something that makes you happy

- - - - - - - - - - - - - - - - - - - - - - - - - - - - - - - - - - - - - - - -

## Something awesome about today that I want to remember

_____

_____

_____

Mo    Tu    We    Th    Fr    Sa    Su    Date ___ / ___ / ___

---

## Today I am thankful for ...

#1 _____

#2 _____

#3 _____

---

## Today I feel

---

## Draw something that makes you happy

---

## Something awesome about today that I want to remember

_____

_____

_____

Mo    Tu    We    Th    Fr    Sa    Su    Date _____ / _____ / _____

## Today I am thankful for ...

#1 _____

#2 _____

#3 _____

## Today I feel

## Draw something that makes you happy

## Something awesome about today that I want to remember

_____

_____

_____

Mo     Tu     We     Th     Fr     Sa     Su     Date _____ / _____ / _____

- - - - - - - - - - - - - - - - - - - - - - - - - - - - - - - - - - - - - -

## Today I am thankful for ...

#1 _____

#2 _____

#3 _____

- - - - - - - - - - - - - - - - - - - - - - - - - - - - - - - - - - - - - -

## Today I feel

- - - - - - - - - - - - - - - - - - - - - - - - - - - - - - - - - - - - - -

## Draw something that makes you happy

- - - - - - - - - - - - - - - - - - - - - - - - - - - - - - - - - - - - - -

## Something awesome about today that I want to remember

_____

_____

_____

Mo    Tu    We    Th    Fr    Sa    Su    Date ___ / ___ / ___

## Today I am thankful for ...

#1 _____

#2 _____

#3 _____

## Today I feel

## Draw something that makes you happy

## Something awesome about today that I want to remember

_____

_____

_____

Mo    Tu    We    Th    Fr    Sa    Su    Date    /   /

## Today I am thankful for ...

#1 _____

#2 _____

#3 _____

## Today I feel

## Draw something that makes you happy

## Something awesome about today that I want to remember

_____

_____

_____

Mo    Tu    We    Th    Fr    Sa    Su    Date _____ / _____ / _____

Today I am thankful for ...

#1 _____

#2 _____

#3 _____

Today I feel

Draw something that makes you happy

Something awesome about today that I want to remember

_____

_____

_____

Mo    Tu    We    Th    Fr    Sa    Su    Date ___/___/___

## Today I am thankful for ...

#1 _____

#2 _____

#3 _____

## Today I feel

## Draw something that makes you happy

## Something awesome about today that I want to remember

_____

_____

_____